Don't Worry, Be Happy:
A Child's Guide to Overcoming Anxiety

了不起的你

你的烦恼不孤单

(英)波皮·奥尼尔(Poppy O'Neill) 著

蔺秀云 胡颖 余颖 译

全国百佳图书出版单位

化学工业出版社

·北京·

Don't Worry，Be Happy：A Child's Guide to Overcoming Anxiety by Poppy O'Neill
ISBN 9781786852366

北京市版权局著作权合同登记号：01-2021-5510

图书在版编目(CIP)数据

你的烦恼不孤单/（英）波皮·奥尼尔（Poppy O'Neill）著；蔺
秀云，胡颖，余颖译. —北京：化学工业出版社，2022.4（2025.5重印）
（了不起的你）
书名原文：Don't Worry, Be Happy: A Child's Guide to
Overcoming Anxiety
ISBN 978-7-122-40603-3

Ⅰ.①你… Ⅱ.①波… ②蔺… ③胡… ④余… Ⅲ.①心理健
康-健康教育-少儿读物 Ⅳ.①G444-49

中国版本图书馆CIP数据核字（2022）第007101号

责任编辑：赵玉欣　王　越　　　　　　　　装帧设计：尹琳琳
责任校对：宋　玮

出版发行：化学工业出版社（北京市东城区青年湖南街13号　邮政编码100011）
印　　装：中煤（北京）印务有限公司
880mm×1230mm　1/24　印张5$\frac{3}{4}$　字数154千字
2025年5月北京第1版第5次印刷

购书咨询：010-64518888　　　　　　　售后服务：010-64518899
网　　址：http://www.cip.com.cn
凡购买本书，如有缺损质量问题，本社销售中心负责调换。

定　　　价：29.80元　　　　　　　　　　版权所有　违者必究

序

我自己抚养两个女儿的经历，以及与众多年轻来访者一起工作的经验，不断提示焦虑问题在儿童和社会中普遍存在。对于儿童和父母来说，了解焦虑的症状和原因，并知道如何纾解由它引起的情绪，进而找到应对方法并非易事。

波皮·奥尼尔撰写的《你的烦恼不孤单》是一本简单又有趣的练习册，他清晰地阐述了很多关于焦虑情绪、想法、经历的知识和例子，同时向孩子们展示了如何以简单易行的方式去理解和克服这些挑战。孩子可以独立阅读，也可在家长的帮助下使用。我尤其喜欢这本书将解读和练习融为一体这一点，这将使孩子们印象深刻；我也很喜欢关于如何处理焦虑的事例，因为孩子们很容易觉得他们是唯一经历焦虑的人，而当他们知道情况并不是如此时，就会得到极大的安慰。

由于焦虑的情绪和想法通常指向未来，所以引入"专注当下"的练习极为重要——孩子们越能通过呼吸和感觉与当前经历的现实产生联结，就越能自发地学习如何恢复平静和快乐。

对于正处于困难时期孩子们来说，这是一本很棒的自助书。

阿曼达·阿什曼-维姆普思（Amanda Ashman-Wymbs）
心理咨询师、精神分析师

目 录

写给父母的话

《你的烦恼不孤单》是一本实用的儿童焦虑应对指南。它将儿童心理学家使用的、经过验证的认知行为疗法与易操作的练习相结合，来帮助孩子克服焦虑，缓解压力。

焦虑是一种进化而来的感受，可以追溯到人类时代的开端，那时的人类祖先对潜在威胁保持高度警惕往往意味着他们能在猛兽的捕食下生存下来。对于现代人来说，焦虑仍然能帮助我们做出明智的决定，避免危险的情况；但当它开始妨碍正常生活时，焦虑也会成为一个问题。

我们都有担忧（程度不同），你的孩子可能比同龄人更容易担忧或者恐惧。有时，不管您怎么安抚他们，有些事情还是会困扰他们。因为焦虑并不遵循逻辑，焦虑可以表现为现实或不现实的担忧，孩子们很难解释或者摆脱它。

这本书的目标读者是 5 ～ 12 岁的孩子。这个年龄段的孩子会对很多事情感到担心——考试、友谊、身体变化、自己及他人的外表吸引力，对他们来说，这些都是全新的体验，有时甚至会让他们感到畏惧；这个年龄段的孩子可能会开始使用社

交媒体，他们对新闻、流行媒体和整个世界的认知正处于发展阶段。也难怪这段时间会让他们焦虑了。

焦虑的信号

下面的这些信号可以帮助你确定孩子是否存在焦虑问题。这些情况可能经常出现，也可能仅在某些情况下出现：

- ✿ 他们不愿意尝试新事物；
- ✿ 他们似乎无法应对日常挑战；
- ✿ 他们很难集中注意力；
- ✿ 他们无法正常睡眠或饮食；
- ✿ 他们变得易怒；
- ✿ 他们被一些想法侵扰，并努力地把这些想法从脑海中驱逐出去；
- ✿ 他们过分担心会发生坏事；
- ✿ 他们抗拒日常活动，不愿上学、与朋友见面或外出；
- ✿ 他们不断地寻求安慰。

当你注意到这些迹象时，请留心孩子的行为——他在哪里？刚刚发生了什么，或者即将发生什么？通过这种方式，就可以确认是否存在让孩子感到焦虑的特殊情况。

请记住，孩子们很难开口谈论焦虑，但开始帮助他们战胜焦虑永远不晚。

探讨焦虑

当孩子感到焦虑时，他们会想封闭自己，以免受到担心之事的影响。你的直觉可能会说："如果你不想去聚会，就不要去。"但是孩子收到的信息则是，他们的焦虑感意味着他们无法去做他们认为有挑战性的事情。

在与孩子讨论事情时，采用一种平静的方式来探索潜在的情况，真正了解他们担忧的本质是非常重要的。关注解决方案和现实结果，而不是那些可能出错的事情。为孩子提供支持，让他知道你会认真对待他并与他一起解决问题。为了成为独立、自信的人，孩子们必须学会如何有效地处理消极的想法和感受。

如何使用这本书

指导孩子每次只做一个练习，每周一次或每隔几天一次。特别提醒：让孩子按照自己的节奏独立完成练习是非常重要的。这是因为通过发展独立性，他们会相信自己有能力独立应对挑战。这些练习的目的是让孩子认识自己，思考如何处理焦

虑情绪，同时为他们提供识别和克服焦虑所需的工具。当孩子冷静下来，并感觉自己有能力时，他们就能更好地应对日常生活中的挑战。让孩子知道他有你作为后盾，你会认真对待他们的焦虑，即使这些焦虑对你来说是微不足道的。帮助他们培养新的习惯来独立处理问题，你会发现孩子的信心日益增长。

  这本书的目的在于帮助你和孩子理解和应对焦虑。但是，如果你对书中没有提及的孩子的心理健康问题非常担心，那么心理医生是你寻求进一步建议的最佳人选。

写给孩子的话

如果你经常面临以下情况，这本书很适合你：

✿ 感到紧张、担心或害怕；

✿ 无法摆脱一些可怕的想法；

✿ 因为焦虑，不想离开父母；

✿ 因为焦虑而感到疲倦或不适；

✿ 因为焦虑而错过有趣的活动。

如果你有以上情况，这本书可以帮助你克服忧虑，变得更加勇敢，更加自信。你可以按照自己的节奏来，不用着急！

如果你遇到困难，或者想谈谈在本书中看到的任何内容，可以向值得信赖的大人寻求帮助，或者只是让他们倾听。这个人可能是你的妈妈、爸爸、某个老师、哥哥、姐姐、爷爷、奶奶、阿姨、叔叔、隔壁邻居或者任何你熟悉并让你觉得和他聊天很舒服的大人。

你好！我是菲斯，我将全程陪伴你看完这本书。我会在书里向你展现各项练习和新颖的想法。你准备好了吗？让我们开始吧！

什么让你不开心？

我们即将了解关于焦虑的一切：焦虑是什么？它给人的感觉是什么样的？为什么我们会有这种感觉？

　　焦虑是当紧张、害怕和担忧交织在一起时，我们感觉到的一种情绪。

练习：介绍一下自己吧

让我们从了解更多关于你的事情开始。请填写下面的方框。

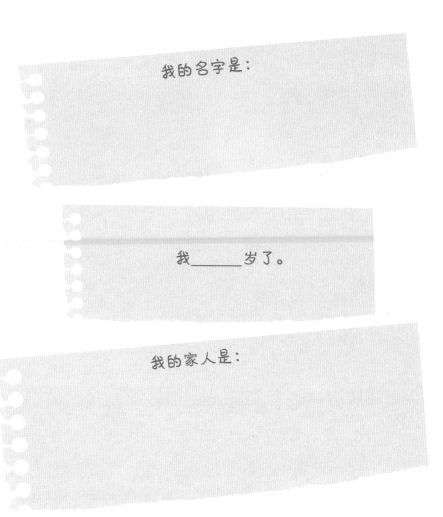

我的名字是：

我＿＿＿＿＿岁了。

我的家人是：

我最喜欢的东西是：

能让我开心的事情是：

我很擅长：

作为人类，我们有很多种不同的感觉，另一个用来表达感觉的词语是情绪。有时情绪会因为我们周围发生的事情而改变，有时又会因为我们的想法而改变。

❀ 情绪可以是很微妙和安静的，也可以是很强烈和吵闹的；有些情绪令人感觉良好，有些则让人感觉糟糕。

❀ 每个人都有情绪，我们并不总能通过观察别人来判断他们的情绪。

❀ 当感受到某种情绪时，它可能就像是占据了我们的整个身体——这会导致我们心情不好或产生一些不好的想法。

❀ 无论感觉到什么情绪，都是正常的，即使其中的一些让我们不舒服，比如悲伤或愤怒。

练习：给心情泡泡涂颜色

我们来为我们感觉到的各种情绪命名，这样我们就可以和别人谈论它们了。想象一下，如果每种情绪都有颜色，那么它们会是什么颜色？然后用这种颜色来给泡泡涂色吧。

你能想到更多情绪吗？把它们写在下面的泡泡里。

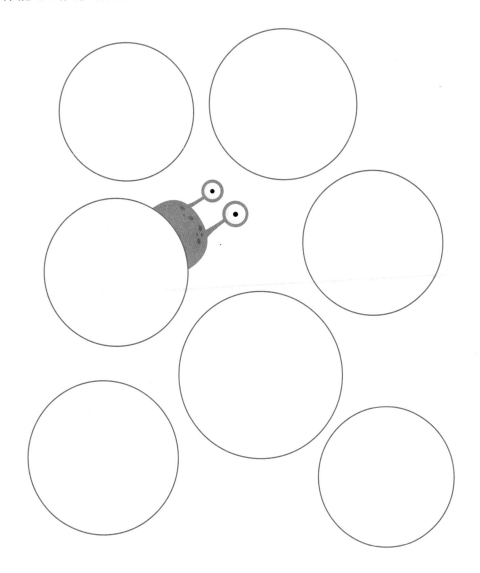

练习：现在感觉怎么样

我们每天都有很多不同的感受，有时令我们不开心的情绪在头脑中占据了更多空间，让我们感到担心。你现在有什么感觉？（想写多少就写多少，例如平静的、悲伤的、饥肠辘辘的……）

当我们总也摆脱不了担忧时，就会感到焦虑，它会成为想法的一部分，让我们没有任何时间去考虑其他事情。我们可能担心过去的事情会再次发生，或者不好的事情会发生在自己或所爱的人身上——也许我们对这些事太害怕了，以至于每当想到它，身体就会开始感到焦虑。

有时，人们感到焦虑，但无法解释原因，或者认为其他人不会理解他们的焦虑。

焦虑只是人类感受到的一种情绪，这很正常！事实上，它还是一种非常重要的情感，可以让我们免遭危险并做出明智的选择。人类进化出害怕和紧张的情绪，以保护我们免遭危险。

所有这些情绪都可能与焦虑有关

在石器时代，焦虑意味着人们要提防剑齿虎······

在今天，担忧的情绪提醒我们以同样的方式小心生活。

练习：猜猜菲斯的感觉

菲斯的朋友们都跑了，他们说今天不想和菲斯一起玩。你认为菲斯会有什么感觉？请写下来。

_____

_____

_____

_____

回答得很棒！当别人不友善时，我们会感受到各种情绪；我们在事后很长一段时间里，还会经常回想起这些不愉快的时刻，并且可能会担心事情再次发生。

人人都会担忧

当担心、紧张和害怕的情绪交织在一起时，我们就会感到焦虑——全身上下都会有所反应。

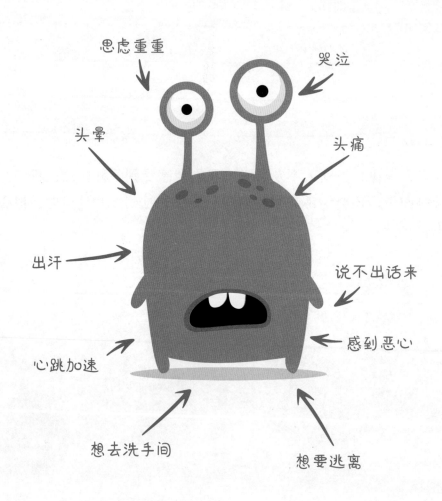

思虑重重

哭泣

头晕

头痛

出汗

说不出话来

感到恶心

心跳加速

想去洗手间

想要逃离

如果感到忧虑，那么你并不孤单。所有的孩子都会担忧，而只通过观察，我们无法分辨出那些担忧是什么。和你同龄的孩子常被这些话题困扰：

- ✿ 罪犯事件；
- ✿ 鬼；
- ✿ 一个人被留在家里；
- ✿ 死亡；
- ✿ 生病；
- ✿ 在学校表现不好；
- ✿ 在学校里生病；
- ✿ 被朋友排挤。

对你来说，有些可能听起来很可怕，有些则稀松平常；你担心的事情也可能不在该列表中。人类的大脑很复杂，每个人担心的事情都不一样！

焦虑有很多不同种类：

✿ 有些孩子对特定事物感到非常焦虑；

✿ 有些孩子总觉得有点焦虑，他们脑中似乎装满了很多小担忧；

✿ 有些孩子因为离开父母或认识新朋友而感到焦虑；

✿ 有些孩子害怕坏事发生在他们自己或者所爱之人身上；

✿ 有些孩子觉得他们需要仔细检查或提前安排，否则坏事就会降临到身边。

对每个人来说，会导致担心或焦虑的事情是不同的——可能只有一个，也可能有很多。例如：

哈利对生病感到焦虑。如果他听说另一个人生病了，他就会非常担心被传染。当他有这种感觉时，他不能好好吃饭，洗手的次数也会远超正常所需。

娜娜担心床底下有鬼。她觉得自己动不了，因为每当天黑，她不敢检查床下，也害怕起床告诉父母。她有时会因为不停地想这件事而难以入睡。

还有更多例子：

艾拉，7 岁：

"我看了一集我最喜欢的电视剧，它讲的是一个住在小孩床底下的怪物。我非常勇敢，喜欢看吓人的东西，但那一集实在是太可怕了，那天晚上我都睡不着觉。第二天早上我简直太困了！第二天晚上我又感觉害怕了。我跟妈妈说了这件事儿，她在地上放了一盏灯，让床底下都是亮的。这让我感觉好多了，然后我就睡着了。"

蒂莉，11 岁：

"上个月我参加了一次学校组织的出游，需要离开爸爸妈妈四个晚上。我总是会想到一些糟糕的事情，比如我不在家的时候爸爸妈妈会生病或者受伤。爸爸妈妈让我不用担心，但这根本无法让我停下来！但当我抵达目的地，开始和朋友参加许多好玩的活动后，我就忘记了所有的担忧——我真的很开心，我做到了。"

哈桑，9 岁：

"我在学校看到一个男生呕吐。那真的很恶心，他吐得整张桌子都是。现在只要我感觉想咳嗽或者要打嗝，我就觉得自己也会那样，并且会非常紧张和担心。当我有这种感觉时，我就做一次呼吸练习，然后去一个安静的地方冷静下来。"

米里亚姆，8 岁：

"'午餐时找谁坐在一起'这件事每天都困扰着我。过去，早上一到学校，我立马就会找一个朋友约好同行。有一天我忘记了这件事，因此不得不和一个我不认识的同学坐在一起。我们开始聊天，而现在她已经是我的朋友了——我的担忧成为了现实，但我没事。"

奥利，8 岁：

"从去年叔叔去世时开始，我真的好担心自己会因得可怕的疾病而死去。过去我会花很多时间检查身体来确保安全，也会问爸爸妈妈很多关于不同疾病的问题。爸爸妈妈跟我谈了关于叔叔的事，也回答了我的所有问题——现在我明白发生了什么，不再感觉那么焦虑了。"

内奥米，10 岁：

"我曾因一块胎记而担心别人觉得我不好看。现在，我有了一种不同的理解——珍视我的人不会介意我的长相，介意我长相的人我不必去在意。这让我记住，我是特别的，也是美丽的，我用与众不同的方式做自己。"

罗恩，11 岁：

"过去，我总为许多小事而担心。这让我在大多数时候都感觉沮丧，所以爸爸妈妈带我去见了一位友善的医生，医生帮助我们找到了让我感觉更好的方法。"

奥马尔，7 岁：

"我不喜欢体育课，因为我觉得自己会受伤。过去我会坐在一旁的椅子上，不参加活动。后来我的朋友说他会陪着我，确保我没事，所以我就试了试，实际上还挺好玩的。"

你什么时候感到焦虑？（例如：当我离开妈妈时。）尽可能多地写下或画出你想在这里表达的事情：

有些孩子会想象自己做错了事、伤害了自己或他人的情景，并因此感到焦虑。如果你有这些可怕的想法，请记住：想法不代表事实。仅仅想象这些事情并不意味着它们就会成为现实。请休息一下，做几次深呼吸。如果你愿意与值得信赖的大人谈谈，他们可以帮你应对这些想法。

　　如果在你自己或你所爱的人身上发生了不好的事情，你可能会觉得是自己的错，或者担心它再次发生——这些想法都让你焦虑。然而这是一种正常的反应，减轻担忧的最佳方法是谈论它。与一个让你感到轻松的大人聊一聊，他们能够倾听你的想法并帮助你更好地了解自己的忧虑。

当你感到焦虑的时候，你会怎么做？尽可能多地写下或画出你想采取的行动。

例如：我紧靠着爸爸，不停地问他妈妈什么时候回来，她是否还好。

当我们感到焦虑时，我们可能会采取一些让自己感到舒服的行为，但这些行为不能帮助我们改变由情境触发的感受——当遇到相似的情境时，焦虑的想法会再一次回来。在本书的后面，我们将学习真正有助于改变行为和思考方式，从而克服焦虑的方法。

有时焦虑的情况会非常严重，以至于你觉得自己的身体失控了。这种情况被称为**惊恐发作**。

在惊恐发作期间，你可能会感到头晕、浑身发热或不舒服，同时心跳可能会加快。

虽然惊恐发作让人感到害怕，但它不会伤害你。当它来临的时候，你可以做这些事情来应对：

- ✿ 向附近的人寻求帮助——你也许希望有人坐在你身旁，轻柔地、镇定地安慰你；
- ✿ 闭上眼睛；
- ✿ 请记住，惊恐发作很快就会结束，它并不能伤害你；
- ✿ 专注于呼吸，深吸一口气，然后数到五，再慢慢呼出来：1——2——3——4——5；
- ✿ 当惊恐发作过去后，你可能会感到疲倦或口渴——别着急，花点时间放松一下，直到你准备好回到你要做的事情上。

在本书的后面，你将看到更多方法，能够在你感到焦虑时帮助你平静下来。

紧张的时候怎么办？

下面，我们将更多地了解焦虑的感受，并找到一些有助于我们平静下来的窍门。

焦虑是什么？

练习：我的大脑会变色

开心时，你的大脑感觉如何？你在想些什么？

例如：我的家庭、一段有趣的回忆、我最喜欢做的事……

在下面的"快乐大脑"里把它们写下或画出来，并涂上颜色。

焦虑时，你的大脑感觉如何？你在想些什么？

例如：一段不愉快的回忆、害怕发生的事情……

在下面的"担忧大脑"里把它们写下或画出来，并涂上颜色。

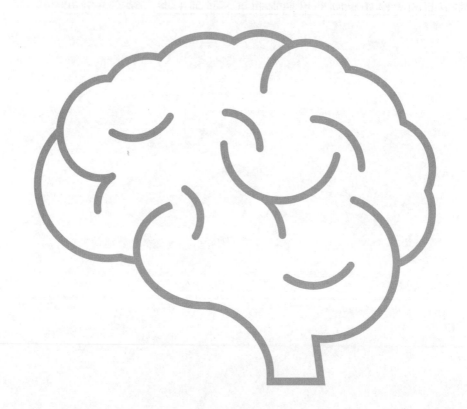

你的"开心大脑"和"担忧大脑"看起来完全不同，是吗？不同的想法可以让我们感受到不同的情绪，同时，大脑根据我们感受到的情绪产生不同的表现。

练习：试试随处可用的小技巧

焦虑的感受来自我们大脑中控制情绪的部分——当大脑检测出危险信号（即使它不是真的危险，而只是担心的事情）时，控制中心会向全身发送指令，导致心跳加快、出汗和不舒服的感觉等。

当你感到焦虑的情绪开始在身体中逐渐增强时，请不要惊慌！这里有一些可以帮助你平静下来的技巧，你在任何地方都可以使用它们。

✿ 从十开始倒数；

✿ 关注脚下的地面，你能感觉到它吗？感觉怎么样？

✿ 想象你面前有一杯热巧克力——深吸一口气闻闻它的味道，呼气把它吹凉；

✿ 闭上眼睛，想象一个美丽的花园——花园里有什么样的花草植物？试着去"看到"更多细节；

✿ 花点时间去观察身边可以看到的四个场景，可以听到的三种声音，可以触摸的两件物品和可以闻到的一种味道——说出它们的名字（你可以大声说出来,也可以在心里默想）。

当焦虑出现后，它的强度通常以小山丘的形状变化，就像这样：

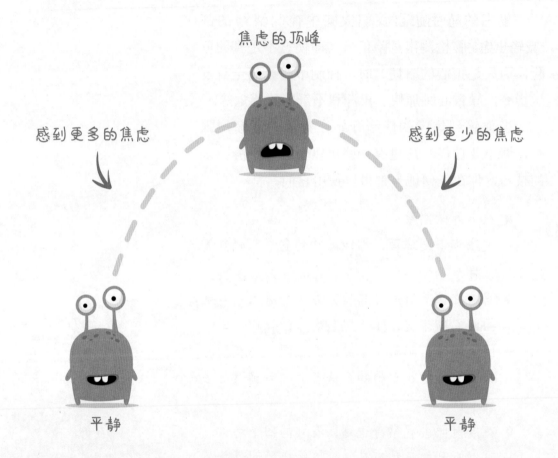

焦虑的顶峰

感到更多的焦虑

感到更少的焦虑

平静

平静

　　如果你觉得自己的焦虑开始"爬山"，回想一下这张图片：山顶是最焦虑的地方。当你到达这里时，重要的是记住，这样的状态不会持续很长时间，焦虑会消退，你会感觉越来越平静。

练习：用画手印来放松

你可以随时随地做这个非常简单的练习——它能让你平静下来，并帮助你减轻焦虑。

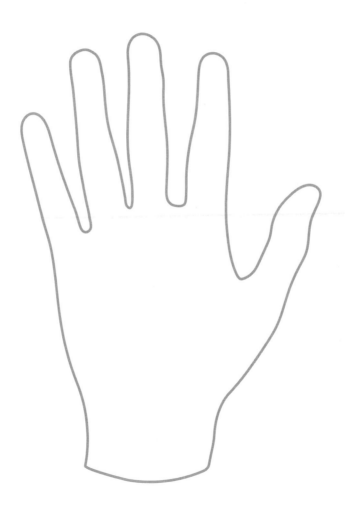

✿ 伸出左手，放在上一页的手形轮廓图中；

✿ 用右手的指尖沿着左手轮廓勾画一圈；

✿ 当画向上的线时请吸气；

✿ 当画到指尖时请屏住呼吸；

✿ 当画向下的线时请呼气；

✿ 继续勾画，直到完成五个手指。

你还可以制作自己的手印呼吸卡片！把手放在一张纸上，并在它周围勾画出手形；或在手上撒上颜料，并用力按压出一个手印——你可以用任何自己喜欢的方式装饰它，把它剪下来并随身携带，随时使用。

练习：挑选我的战斗口号

　　我们不必独自应对焦虑！你有一个团队——家人以及所有你爱和信任的人都是你的后盾。

　　为什么不提出一个战斗口号呢？它可以帮助我们坚定信心，充满勇气去战胜焦虑！

　　菲斯的战斗口号是——我可以做到！

你的战斗口号可以是任何能激励你的话。你可以借用菲斯的口号，也可以自己编写一个，或者从下面的口号中挑选一个：

你还能想出其他战斗口号吗？请把它们写在这里：

向你信任的人说出你的战斗口号，请以不同的音量练习十次。一开始，你可能会觉得很奇怪，但它会帮助你感到自信，并为其他事情做好准备。

感觉好烦
怎么办？

练习：用数数来集中注意力

当我们感到焦虑时，可能很难将注意力转移到别的事情上。下面有一个可以随时玩的游戏，能帮我们暂时摆脱那些焦虑的想法和感觉。

当焦虑袭来时，菲斯喜欢数周围的东西：

你可以数任何东西，包括：

✿ 插座；

✿ 鸟儿；

✿ 椅子；

✿ 行人；

✿ 墙上的照片；

✿ 树木；

✿ 汽车；

✿ 购物袋。

像这样数数意味着我们必须集中注意力，让大脑保持在工作状态。一个忙碌的大脑没有那么多时间来思考焦虑的问题，这样我们就更容易从这些想法中解脱出来。

练习：把烦恼转移到日记里

如果你感到焦虑，写日记是一个很有用的方法——只需要一个笔记本和一支笔。你可以将日记作为秘密，也可以向值得信赖的大人分享。

通过写日记，你可以：

✿ 将烦人的想法从脑海中剔除，并将它们放入日记中；

✿ 将大烦恼分解成一些小任务；

✿ 记录焦虑的心情——当你感到焦虑时，记下发生的事情；

✿ 也写下发生的所有好事！

回顾日记是非常有帮助的，看看你能否发现经常惹你心烦的事情是哪些。你可以独自回顾，也可以与大人一起完成。

练习：制作我的日常连环画

你早上都做些什么？吃早餐、刷牙、准备好书包去上学……你每天都按照同样的顺序做这些事吗？有计划的安排可以让我们感到平静，拥有掌控感。知道接下来会发生什么，对每一天都做计划，可以帮助我们减少忧虑。如果你还没有日程表，可以和父母一起创造一个。

你能把早晨、放学后或晚上的日常生活画成连环画吗？

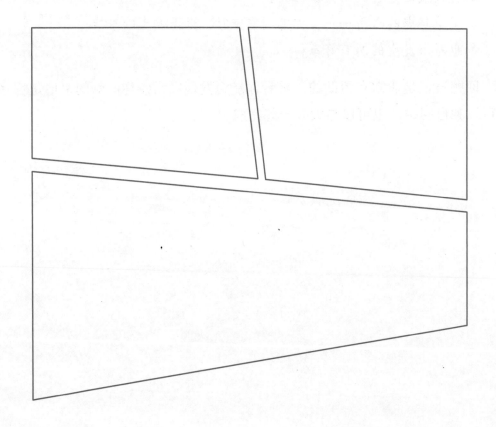

被吓到了
怎么办？

纵观历史，人们创作了怪物和鬼魂的故事来说明那些他们害怕但无法解释和控制的事物。你喜欢看恐怖的书籍或电视节目吗？有些人享受被吓到的感觉！但有时，一个恐怖的故事或角色会在我们的脑海中挥之不去，并让我们对明知道不存在的事物感到焦虑。通常情况下，从害怕的事情中脱离出来休息一下是可行的。如果仍感到焦虑，是时候坐下来向一个大人倾诉生活中令你担忧的事情了。这样做通常会让你感到更平静，更有能力控制焦虑。

你甚至可能觉得，自己也应该像朋友那样，喜欢可怕的事物，而事实上你并不喜欢那种惊恐感。请记住，有很多人和你一样，他们也认为可怕的事物并不适合自己。

小怪兽也会被其他怪兽吓到

练习：可怕的东西也有可爱之处

如果有令人毛骨悚然和不可思议的事情（例如鬼魂或吸血鬼）让你感到焦虑，你可能会发现成为这些领域的"专家"会很有帮助！

当你感到平静、充满勇气时，请找出有关这些可怕事物的所有信息——你能找到它们的有趣或可爱之处吗？尝试查看对你来说并不可怕的书籍或网站，多问问题，如果找不到答案，可以创建自己的问题清单，例如：

✿ 鬼早餐吃什么？

✿ 是什么让狼人嚎叫？

✿ 吸血鬼小时候会不会像我们一样换牙？

把你的问题写在这里：

放心！没那么糟糕

我们可能感觉面临的问题非常"巨大"！它好像占据了整个大脑。请停止这么想！先花点时间弄清楚问题的实际情况——如果真的很严重，你可能需要找人帮忙；但通常情况下，它并没有那么严重。

火灾、重伤、遇到危险
紧急情况——寻求帮助请拨打 110

迷路、受伤
严重的问题——找一个成年人帮忙

感觉不舒服、有人粗鲁地对待你、受轻伤
中等程度的问题——逃离，去寻求帮助

弄坏了东西、被作业难住、丢失了玩具
小问题——再试一次、去寻求帮助

迟到、输掉比赛、犯错
极小的问题——尽管感觉不好，但我可以保持冷静

有时我们会在学校或新闻中听到正在发生的坏事，并感觉这个世界庞大而可怕——我们可能会因此感到焦虑。这时，重要的是要记住，新闻主要是由世界上发生的坏事组成的。

在任何时候，世界上 70 亿人中的大多数都过着正常的生活，很多人生活美满，也有一些人过得非常糟糕。被报道的通常是后者——如果新闻中全是世界上每天发生的所有好事，那我们根本没有时间把它们全部看完！

帮助他人能让我们减少焦虑，感到更加自信。即使是很小的善行，积少成多，也能激励他人表现出善意和勇敢！

"万一"
坏事发生怎么办？

菲斯怕狗。当菲斯在公园玩耍时，如果来了一只狗狗，即使它体型很小又乖巧可爱，菲斯仍然想离开。

你会说些什么来帮助菲斯，让他对狗狗的感觉好一点呢？

_____

_____

_____

_____

_____

_____

我们的思考方式、感受方式和行为方式都是相互关联的。例如，菲斯认为所有的狗都会吠叫和跳起来扑向他，所以他感到害怕，并离开了公园。

每个人都有不同的想法、感受和行为。其他人在公园里看到狗时，可能会有这些反应：

回想一个曾让你感到焦虑的情景——当时你想到了什么？你感觉如何？你做了什么？

想法　　　　　　　感受　　　　　　　行为

_____　_____　_____

_____　_____　_____

_____　_____　_____

_____　_____　_____

_____　_____　_____

_____　_____　_____

_____　_____　_____

到底是什么让菲斯感到如此焦虑？是他的"思维误区"——这是一种头脑不清、迷惑不解的状态。菲斯的误区在于，他认为人可以看到未来，并坚信会有不好的事情发生！

焦虑的感觉很难受，但如果我们冷静下来，认真思考，我们将意识到很多想法并不是真的。一只狗狗对着菲斯狂吠一声，并不意味着它会再次发生。

练习：揪出那些"不太对"的想法

让我们来看看最常见的 9 种错误的想法。

只关注消极的事：我只能看到事物不好的部分——即使好事发生了，我也总能找到让自己感觉不好的方式；

✿ 非黑即白的想法：如果某件事不完美，我就彻底失败了；

✿ 夸张的想法：即使只是发生了一件很小的坏事，我也会感觉很严重；

✿ 读心术：我知道每个人都认为我不好；

✿ 预测：我知道我会出错，所以我不会尝试；

✿ 把感觉当成事实：我感觉很糟糕，所以我所做的一切都一定很糟糕；

✿ 打击自己：我是垃圾！

✿ 不切实际的期望：我应该在每一件事上都做到完美；

✿ 责备自己：都是我的错！

这些想法听起来像你的自言自语吗？在你熟悉的想法旁边画个圆圈。

请记住，这些想法是错误的，它们不是事实。当你能认出它们后，就可以开始质疑它们了。最好的办法是经常与值得信赖的大人探讨这些问题——很多时候，谈论它们可以帮助你更好地理解它们。下面，我们将学习如何摒弃这些错误想法，同时能更加冷静、清晰地思考。

你知道事实和想法的区别吗？不管人们怎么说、怎么想、怎么期望，事实都不会改变，而想法，也就是我们的观点或感觉则因人而异。例如：

练习：写下与我有关的事实

你能写下一些关于自己的事实吗？

例如：我的头发是黑色的。

你能写出一些自己的想法吗？

例如：最有趣的科目是语文。

如果你对某件事感到焦虑，你会感觉它非常真实，但请记住：你比你的焦虑更加强大。

你可以认为天空是绿色的，香蕉是紫色的，或者床底下有一个怪物……但如果你环顾周围，就会发现这些想法都不是事实。你可以认为你的拼写测试成绩会很糟糕，或者在运动会中排名倒数，但这么想并不意味着它将会发生。

事实：迈克会跳绳。

想法：迈克是跳得最好的。

来吧，迈克！

当我们感到焦虑时，可能无法直接讲出为何有这种感受。花一点时间，倾听你的身体和想法在"说"什么。

- ✿ 你会在哪里感觉到焦虑？
- ✿ 你担心会发生什么？
- ✿ 这个想法从哪里来？

一旦知道是什么让你焦虑，就可以考虑将其拆分成更小的部分。例如：艾米尔的脑袋和肚子都感觉到焦虑。他想象着老师在周一对他发火——因为这周末他要完成三项作业，但现在，他还没有开始做。

首先，艾米尔需要做个深呼吸。接下来，他开始思考如何能将问题拆分成更小的步骤。下面是他的计划：

- 立刻开始：列一份清单，来计划开始做每项作业的时间；

- 之后：开始一项一项做作业；

- 下一次：每周安排一些时间来做作业。

试着用艾米尔的方法写下或画下一些想法：

● 立刻开始：
_____
_____
_____
_____

● 之后：
_____
_____
_____
_____

● 下一次：
_____
_____
_____
_____

练习：画出我担心的事

你可以在下面把焦虑的感觉画下来或写下来吗？它可能像某种天气、某个怪兽、某样物品、某个人、某种形状或机械设备——发挥想象力，你甚至还可以给它起个名字！

摆脱不了担忧怎么办？

练习：和自己聊聊天

如果你感觉焦虑，先做个深呼吸，让头脑感受到一丝冷静（可以使用前面的手印呼吸练习来帮助自己）。

一旦你觉得自己已经足够冷静了，就可以对担忧提出一些问题，例如：

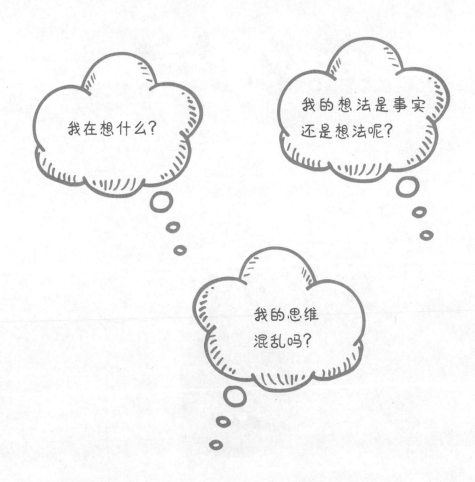

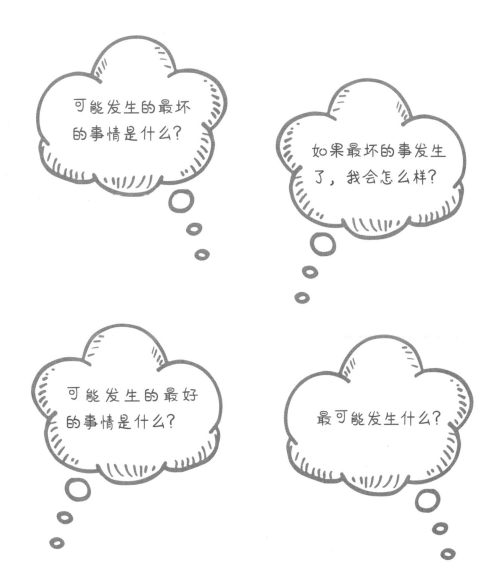

问问自己这些问题，你会发现感觉不那么焦虑了。

例如，菲斯认为狗狗会朝他叫，还会扑过来。他这样与自己对话：

我的思维混乱吗？
是的——我认为所有狗都会叫，也会扑过来，但这不是真的！

可能发生的最坏的事情是什么？
狗会叫，也会向我扑过来。

如果最坏的事情发生了，我会怎么样？
还好——我会感觉害怕，但狗主人会确保我不受到伤害。

可能发生的最好的事情是什么？
狗很乖，我可以继续在公园玩。

最可能发生什么？
狗可能会叫几声，但只是制造一些噪音。它不会向我扑过来，因为我会待在游乐区。

练习：专心地呼吸

关注当下这一瞬间发生的事情以及我们的感受能帮助我们更加冷静，这也是处理强烈感受的好方法。当我们需要这样做时，可以把头脑中闪过的想法和情绪，以及身体的感受想象成划过天空的云朵——任何想法、感受都是可以接受的，它们也不会伤害你。

你可以在任何时候进行这项练习：

找一个安静、舒适的地方坐下来。

呼吸十次，然后睁开眼。

闭上眼睛，将你的思维想象成飘在天上的云朵。

将注意力停留在肚子上，专注地体会呼吸如何让肚子起伏。

注意这些云朵的形状和颜色。

现在，把注意力向下转移到肚子。注意，想法是你的大脑产生的，而不是肚子。

试试看，当你尝试这样做时会发生什么——你很可能会感觉到平静，也不那么担忧了。

练习：把担忧关在罐子里

在下面的方框里写下你的担忧：

现在，小心地把它剪下来，对折，放入一个罐子——一旦你把盖子盖上，那些担忧就被关在了里面，不再能来困扰你。

坏事发生也没关系

　　认为坏事将会发生并不意味着它真的会发生——但是如果它真的发生了呢？如果一只狗在冲你叫，或者考试考砸了，又或者妈妈没有按时来学校接你，你还会感觉良好吗？你会没事的。这些糟糕的事可能不那么令人愉快，但你会好起来的。可以制订一个计划——如果担心的事成为现实，你会做什么？例如：每个星期，凯特都担心妈妈会忘记来体操俱乐部接她。虽然妈妈从未迟到过，但凯特仍一直非常担心，这导致了她对此十分焦虑，甚至想要放弃体操运动。凯特告诉了妈妈自己的感受，妈妈和她一起做了计划，设想如果妈妈真的迟到了，凯特将怎么办。

✿ 凯特将会和她的老师待在一起；
✿ 老师会打电话给凯特的妈妈；
✿ 老师会陪着凯特直到妈妈来接她。

如果你有像凯特一样的担忧，也可以尝试制订自己的计划。和一位可以听你倾诉的成年人坐下来，谈谈你的担忧，制订计划，以防万一。这将帮助你明白，即使担忧的事情成真，也没有关系。

压力好大
怎么办？

现在，是时候展现真正的勇敢了！真正的勇敢并不是从来不觉得害怕，而是感觉害怕时仍然能直面恐惧、勇往直前。在接下来的几页里，我们将看到勇敢如何帮助你克服焦虑。

你能想到自己曾经很勇敢的一个时刻吗？在这里写下来或画下来：

一步一步增长勇气

现在，我们来看看如何放下紧张和害怕。有时候我们做太多事情，是因为担忧如果不这么做就会发生什么不好的事。例如：法蒂玛刚刚转到新学校，她总是把最喜欢的玩具（一个泰迪熊）悄悄地带去。一天，老师发现了这个泰迪熊，并且告诉法蒂玛从家里带玩具违反了校规。一想到不带小熊去学校，法蒂玛就会感觉恐慌和恶心。她觉得如果没有带上玩具，就会有糟糕的事情发生在自己身上。法蒂玛该怎么办呢？

对于法蒂玛来说，直接把玩具留在家里太令人沮丧了，但在学校被指责让她感觉更加糟糕。法蒂玛决定向父母谈谈自己的问题，然后他们想到了一个计划。

首先，法蒂玛向自己提了一些问题：

最可能发生什么?

可能发生的最好的
事情是什么?

可能发生的最坏的
事情是什么?

接下来，法蒂玛和父母做了一个计划，来帮助她在接下来几周里增长勇气。

1. 把玩具带到学校去，但只在休息时间拿出来；

2. 带着玩具去学校，然后在要进教室时交给妈妈；

3. 抱着玩具，直到抵达学校所在的街道；

4. 抱着玩具，直到走出我家所在的街道；

5. 让妈妈抱着玩具——我可以抱两次，每次一分钟；

6. 让妈妈抱着玩具——我可以抱一次；

7. 让妈妈抱着玩具——我可以在需要玩具时向妈妈要；

8. 让妈妈抱着玩具——尽量不向妈妈要；

9. 把玩具留在家里。

法蒂玛计划朝着她的目标小步前进，每次稍微勇敢一点点。如果在准备好走入下一步之前需要等上几天，那也没关系！完成这些步骤后，她会有足够的勇气把玩具留在家里。

有时我们不去做一些好玩或有意思的事情，是因为我们对即将发生的事情感到焦虑。让我们来看看乔是如何找到勇气去尝试让他感觉紧张的事情的……

　　一想到游泳，乔就会感觉紧张，开始出汗。他担心会沉到水底，也担心眼睛会进水。下学期，乔就要上游泳课了。他希望能学会游泳，但也对入水感到非常焦虑。乔该怎么办呢？

　　乔与父母谈论了自己的问题，然后他们一起想出了一个计划。

首先，乔向自己提了一些问题：

乔感觉好了一些，但他还是对游泳感到焦虑，因为他知道，入水是危险的，而可能发生的最坏的事情是他会被淹死。

所以乔做的第一件事，就是找出最坏的事情发生的可能性——他发现这几乎不可能发生。此外，他还发现，避免危险的最好方法是向一位有资质的游泳教练学习游泳。

接下来，乔和父母想出了一些小步骤来达成目标。

1. 研究在游泳时如何保持安全；

2. 在游泳池旁走走，但不入水；

3. 亲自去商店挑选新泳镜；

4. 去泳池，换上泳衣，坐到泳池边上；

5. 把脚浸入水中；

6. 带上泳镜，在家长陪同下进入可以触底的浅水区；

7. 尝试在家长的陪同下，在浅水区使用游泳圈；

8. 往自己的脸上泼点水；

9. 把头放入水中一秒钟。

乔计划一点一点地克服恐惧。他不着急推进，其中一些步骤可能需要花费很长时间。计划全部完成时，他就已经准备好上游泳课了！

练习：为克服挑战做计划

什么让你感到焦虑？你能设计"勇气计划"来应对焦虑吗？

1. _____

   _____

2. _____

   _____

3. _____

   _____

4. _____

   _____

5. _____

   _____

6. _____

   _____

你一直非常努力，为自己感到骄傲吧！当我们照顾好自己的身体时，我们就会充满力量，花一些时间来放松并确保身体得到所需的照料是非常重要的。

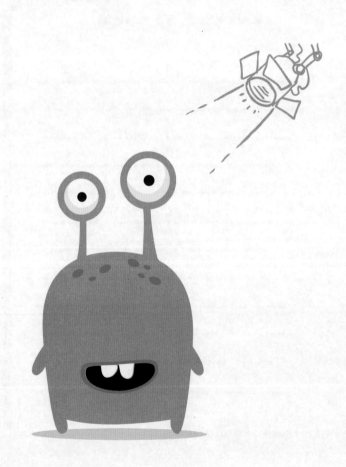

练习：尝试有助于放松下来的小活动

花时间放松对于保持健康、愉快非常重要。何不尝试一下这些活动呢？

- ✿ 在石头上画画；
- ✿ 做一幅拼贴画；
- ✿ 轻轻地做几个拉伸运动；
- ✿ 读一本书；
- ✿ 写一首诗；
- ✿ 骑一趟自行车；
- ✿ 观察蜡烛火苗闪烁（请一位成年人提供帮助！）；
- ✿ 听听音乐；
- ✿ 看看云朵——你能发现什么形状？
- ✿ 从花园里收集一些花和叶子，然后把它们画下来。

你还能想出更多活动吗？在这里画下或写下一些自己的想法吧：

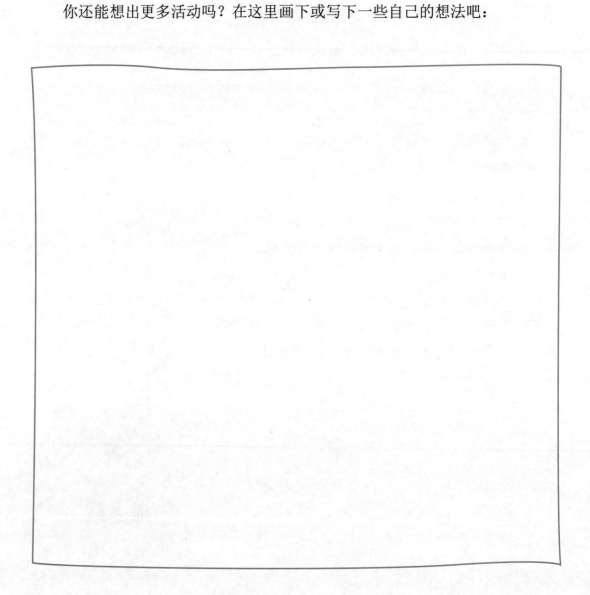

看电视或玩网络游戏很有意思，但这类活动带来的兴奋感会对大脑造成压力。试着花时间在现实世界中做一些有趣的活动，例如和朋友一起搭积木、做手工、画画、阅读，或和家人一起在户外玩耍。

皱一下脸——这样，你的鼻子也皱起来，眉间出现皱纹。现在放松，让脸蛋恢复正常。

在放松时，你能感觉到整个身体的变化吗？当把脸皱起来时，那种感觉就是紧张。当恢复正常时，那就是放松。

我们在焦虑或沮丧时经常会在身体上感觉到紧张。一些小技巧有助于驱散它。

练习：捏鼻子呼吸

深呼吸是让自己感觉更愉快的好办法。捏鼻子呼吸法会帮助我们缓慢、深长地呼吸，也会帮助我们冷静下来。

✿ 首先，压住右鼻孔；
✿ 用左边的鼻孔深深吸口气；
✿ 现在屏住呼吸，换手压住左鼻孔；
✿ 用右边的鼻孔呼气；
✿ 现在，再做一次，这一次用右鼻孔吸气，左鼻孔呼气；
✿ 循环五次。

觉得自己不好看怎么办？

有些人认为长相很重要。每天我们都会在电视和手机上看到一些外表毫无瑕疵的人。但你知道吗？这并不是人们在真实生活中的样子。图片处理技术和特效会让普通人看起来好像是来自完美星球的外星人！

不要纠结自己看上去是不是完美了，还有千万种更有趣的事情等你去做！无论如何，你已经是最好且独一无二的自己了。

我们的身体很神奇：

❀ 乳牙掉落后，新生的牙齿和鲨鱼牙齿一样坚硬；
❀ 心脏每天跳动超过 10 万次；
❀ 每个人不仅拥有独一无二的指纹，还拥有独一无二的舌纹；
❀ 身体中 37 万亿个细胞一起工作，让我们能够呼吸、笑和学习。

随着年龄的增长，我们的身体会自然而然地发生变化，这个过程可能会让你感觉担忧或尴尬。要记住：这些变化是正常的，每个人都会经历。

对身体感到害羞是很正常的，要记住：任何人都不可以在未经你允许的情况下脱掉你的衣服或触碰你的身体。你可以和父母或信赖的老师聊聊让你感觉烦恼或困惑的任何事。

练习：夸夸镜子里可爱的人

下次照镜子时，留意一下你喜欢自己的地方，然后夸夸自己！

例如：

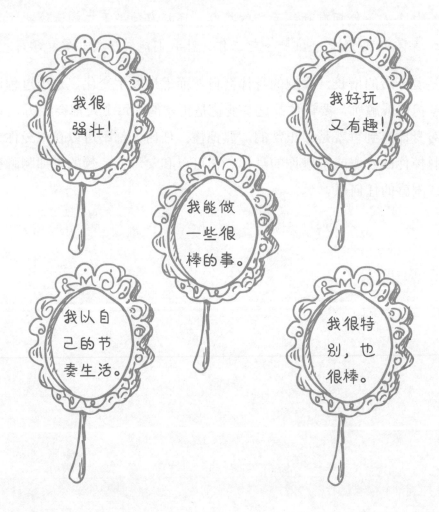

你还能想出更多吗？在下面的镜子里写出来：

照顾好自己才会能量满满

吃健康的食物，多喝水——这是让自己成长、学习和保持愉快的最重要的两件事情！照顾好自己的身体，会让我们感到更冷静，也更有活力。

从体重看，我们的身体有 60% 是水，而水分总是在通过各种方式流失——流汗、呼气、哭泣或上厕所……每天，我们需要喝至少 6 杯水来保持良好状态，还需要吃五大口水果或蔬菜来保持健康。

充足的睡眠会帮助我们在白天感觉更冷静、更愉快、更有活力。睡眠让大脑有时间处理白天发生的所有事情和日常的思绪想法。在睡了一晚好觉后，白天困扰我们的问题通常会变得可控许多！

　　你梦想中的卧室是什么样子呢？你可以在这里画出来或写下来吗？

> 争取每晚都有充足的睡眠。

你有入睡困难吗？尝试一下这个小办法：

1. 躺在床上，把脚尖绷紧；
2. 按下来缓慢地举起你的双脚，直到脚尖指向天花板；
3. 让双脚非常缓慢地落下来；
4. 这样做五次，然后你会感到放松，想睡觉。

和小伙伴闹别扭了怎么办？

朋友超级重要，但有时候维持友谊也是一件不容易的事情，会让我们感觉焦虑。

朋友有真也有假

　　真正的朋友是最棒的——他们能让我们展露笑容，是我们在这个世界上最愿意花时间在一起的人。

　　有些人声称自己是朋友，但他们的行为却让人不适。假朋友就像伪装下的欺凌者。请记住：你不必花时间和对你不友善的人在一起。

真朋友：

✿ 倾听你

✿ 友善地与你讲话

✿ 为你出头

✿ 和你一起玩儿

假朋友：

✿ 忽略你

✿ 排挤你

✿ 伤害你

✿ 捉弄你或让你难堪

欺凌可能发生在现实生活中，也可能发生在网络中。它包括：

✿ 故意伤害你，让你难堪或让你沮丧；

✿ 未经你允许就拿你的东西；

✿ 迫使你做你不想做的事情；

✿ 讲你的八卦或散布有关你的谣言；

✿ 叫你绰号或捉弄你；

✿ 推搡你；

✿ 排挤你；

✿ 让你感觉不愉快或焦虑的任何行为。

如果你受到了欺凌，这不是你的错。向一位你信赖的成年人说说发生的事情。但不要忘记，你很重要，值得被尊重地对待。

有些时候，你可能认为只有自己有某种感受。但是请记住：你看不透其他人在想什么。每个人都有自己的担忧，有自己最喜欢的事情，我们无法仅凭外在就了解别人的感受。

　　即便你真的在担忧时感觉很孤单，事实也并非如此，你身边总会有人能够提供帮助。

每个人都是不同的，而正是这一点让生活充满乐趣！从我们最喜欢的书到我们最害怕的事情，没有两个人是完全相同的。

我们的外表有怎样的不同呢？雀斑、肤色、眼睛、头发长度……这些特点完全无法告诉我们一个人内在的样子。菲斯有雀斑，并不意味着菲斯和其他有雀斑的怪兽喜欢同样的食物，或拥有同样的想法。

有哪些不同是看不见的呢？一个人有多友好、他最喜欢的早餐是什么、他担忧着什么……只有了解一个人的**人格**，我们才能找到这些问题的答案。

练习：找找我和朋友的相同点和不同点

想想你的一个好朋友，你们有哪些共同之处？又有哪些不同之处呢？

我们的共同之处	我们的不同之处
例如：我最喜欢吃意大利面，我的朋友也是。	例如：我最喜欢的科目是英语，但我朋友最喜欢的科目是科学。

我们的共同之处	我们的不同之处

即便在一些方面有不同之处，你们依然喜欢花时间待在一起。做自己就好——这才是你真正的样子。

也许你觉得，你的好朋友似乎拥有完美的生活。要是你的头发、房子、电脑或鞋子也像他们的一样，你的生活就会变得好很多，是吗？错！快乐源于内心。得到新东西可以让我们在一段时间里感觉不错，但很快这种感觉就消失了，我们又会回到之前的状态。

我们只能看到其他人选择展示的某些部分。没有人是完美的，因为完美根本不存在。

我们都是幸运的，只是幸运存在于不同的方面——记住这一点并不容易，尤其当我们情绪低落时。

练习：让我感到幸运的事

感恩是在我们感觉幸运时，或其他人为我们做一些好事时，我们心中的谢意。在下面的空格中填写你感恩的事情和你正面临的挑战。

你能列出 10 件在这一周中让你感恩的事情吗？它们可大可小，例如：一顿可口的早餐、一个温暖的家……

1. _____

2. _____

3. _____

4. _____

5. _____

6. _____

7. _____

8. _____

9. _____

10. _____

我感恩的人：

1. _____

2. _____

3. _____

4. _____

5. _____

今天发生的最好的事是：

你可以在一天结束时做这项活动。你也可以在每次写日记时记下几件感恩的事情。

练习：让我感到为难的事

现在，让你感觉棘手的事情是什么？

例如：和朋友有分歧。

从这些挑战中，你能学习到什么？

例如：如何找到每个人都满意的解决方案。

勇敢前进吧！

现在，是时候运用新技能了。

有时，感觉焦虑是很正常的一件事——每个人都会如此！你的焦虑不会在一夜之间就消失，而培养新的思考习惯、尝试做让你紧张的事情也可能并不容易。

记住：你不必只靠自己——如果需要帮助，你可以再次翻看这本书，也可以和一位信赖的成年人聊聊，或者停下来放松一下。

练习：我的行动计划

请回顾并写出让你感到担忧的事情：

向我的担忧提出问题：

我最常用的放松技巧：

别忘了实施你的勇气计划哦！

菲斯祝贺你完成了对本书所有内容的学习！你也乐在其中吗？记住：你可以在任何时候再次翻看这本书，提醒自己焦虑是怎么回事，也可以在你需要冷静时回来复习。

　　你做了这么多努力，好好鼓励自己一下吧——你很勇敢、聪明，只要用心，就能够完成任何事情！

致父母：

还可以做些什么

虽然应对焦虑并不容易，但我们总有办法帮助焦虑的孩子生活得更轻松。我们所能做的最重要的事情是倾听。

敞开心扉地倾听孩子的想法，并对孩子的学校、朋友、兴趣爱好问一些日常的问题，孩子才能对我们讲出他的恐惧和担忧。养育的道路并非一帆风顺，但稳固的亲子关系有助于培养孩子的韧性。要让孩子知道，父母随时都在，会认真对待他们，会帮他们解决遇到的任何问题。听到孩子的担忧时，刻意弱化或夸大都是不可取的。

如果有需要解决的问题，那就专注于问题解决，并且让孩子也参与其中。但有的时候，孩子可能只想表达感受，遇到这种情况就先收起你的建议。

如果孩子感到惊恐或焦虑，一定要提醒自己：这是他们的大脑在发出危险预警，而不是他们很难搞或者想操控你。你可以这样帮助孩子：

- ✿ 蹲下来与他视线齐平，一起做几次深呼吸；
- ✿ 告诉他你理解他对这件事感觉焦虑；
- ✿ 如果孩子愿意，握着他的手；
- ✿ 试着做数数练习，或者练习用画手印来放松；
- ✿ 等孩子平静下来再讨论解决方法，比如问一些与担忧相关的问题并看清事实。

等孩子恢复正常后，你们可以谈谈在惊恐时，什么是有帮助的，什么不起作用，这样下次你会准备得更充分。

如果即将发生压力事件（例如搬家），而孩子正为此焦虑，那就和他们开诚布公地谈论即将发生的事。

找一些能帮助他们理解自己感受的书籍或电影来看——埃拉·伯绍德（Ella Berthoud）和苏珊·艾尔德金（Susan Elderkin）的《故事药丸》（*The Story Cure*）是一个很棒的选择，每个孩子都可以从中找到属于自己的故事。试着制定一项日常例行活动并一直坚持——孩子在知道接下来会发生什么时，最有安全感。

如果你家正在经历一段艰难时期（如丧亲或离异），应避免告诉孩子不必要的信息。试着用他们能理解的语言和他们沟通，鼓励他们讲出感受、提出问题，但不必害怕承认事实——你也不知道所有问题的答案。孩子在做其他事（例如画画或涂色）时，可能更容易接受令人不悦的话题。他们甚至会更愿意给你写封信。

对于爱孩子的父母来说，想要保护孩子不受负面感受的影响是很自然的，但一味回避只能起到短期效果，长期反而会让问题更糟糕。我们越回避一个情景，孩子对它的负面记忆就越深刻。

不去回避，而是循序渐进且温和地让孩子有机会建立起与情景相关联的积极回忆。例如，孩子怕黑，就带他们去露营，天黑后围着篝火烤棉花糖；孩子怕水，就带他们去赶海；孩子公开演讲会紧张，就在家里上演一出戏剧……

温和地引导孩子，让他们变得更勇敢的方法还有很多很多。

如果孩子经常寻求安慰，你可以试着去了解他这样做的原因；和孩子谈论一下最坏的可能性（以及发生后他会怎样），最好的可能性，以及最可能发生的情况。

鼓励孩子尝试新鲜事物，让他知道尝试一下没什么大不了，在第一次尝试时搞不定是没关系的。

最后，放下内疚吧——我们很容易因为孩子的痛苦而自责，或者很想尽量让孩子的生活变得轻松，让自己松口气。通过教给孩子方法，让他们成长为有韧性的成年人，你正在做一项伟大的工作。

偶尔的、短期的焦虑虽然让人不舒服，但却是完全正常的。如果焦虑开始干扰孩子的日常生活，那么应该和专业医生谈一谈。如果孩子正因为与学校相关的任何事情感觉痛苦，那么与孩子的老师谈一谈。针对焦虑，并不存在一刀切的解决方法，焦虑的形式和严重程度也都各不相同。家长和照料者可以通过向专业人士求助来获取有关孩子心理健康的帮助和建议。